A mostarda é a menor de todas as sementes...

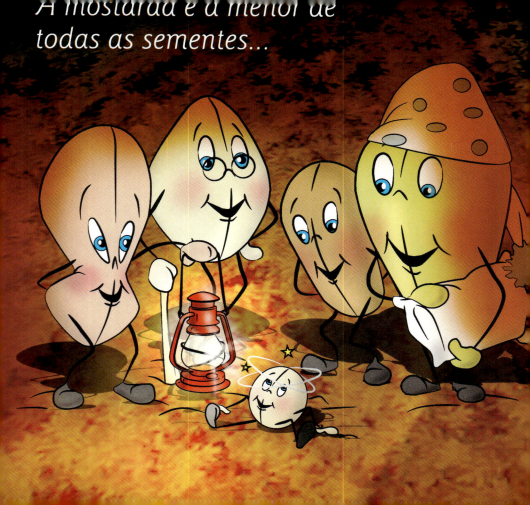

Mas, quando cresce,

Esta brevíssima parábola quer nos mostrar o significado da palavra "Igreja"; não o edifício de tijolos, mas a comunidade de pessoas.

Leia a parábola do grão de mostarda em Mateus, capítulo 13, versículos de 31 a 32.

Faz muitos anos, o Semeador (Jesus) pegou algumas sementes (os seus discípulos) e as plantou em toda a terra. Esses grãos (homens e mulheres), que pareciam tão pequenos e humildes, deram vida a uma árvore muito grande (a Igreja), de longos braços prontos para acolher e abraçar todos aqueles que querem encontrar nela alegria e paz, justamente como aconteceu com os passarinhos da parábola. Foi assim que o Reino dos Céus se espalhou e continua ainda a se espalhar. Dessa árvore nasceram outras sementes, sementes muito pequenas de amor, que deram vida a uma grande floresta em contínua expansão. Pequenos gestos cotidianos podem nos fazer construir um mundo cheio de amor.

Vamos aprender brincando

O ramo

*O Reino dos Céus está entre nós,
quando somos capazes de encontrar...*

Organize as letras abaixo: coloque as letras em rosa nas folhas superiores e as azuis, nas inferiores. Você terá, então, a solução.

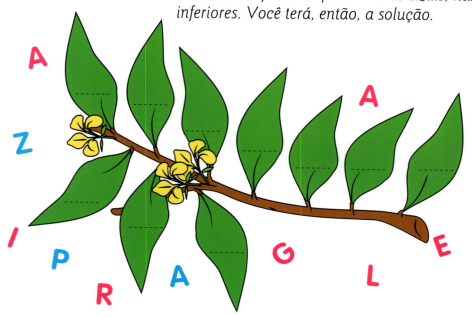

Resposta: PAZ e ALEGRIA.

A floresta

Quais gestos podemos fazer a fim de que cresçam as árvores da nossa Igreja?

Os grãozinhos

Ligue os grãozinhos do número 1 ao 51 e escreva no espaço colorido o nome da imagem que você vai obter.

Muitas sementes pequenas podem dar vida à...